Nicole Leconte

Dépendance ou autonomie?

Nicole Leconte

Dépendance ou autonomie?

Comment "ETRE" auprès d'un jeune en souffrance d'apprentissage ?

Éditions Vie

Impressum / Mentions légales
Bibliografische Information der Deutschen Nationalbibliothek: Die Deutsche Nationalbibliothek verzeichnet diese Publikation in der Deutschen Nationalbibliografie; detaillierte bibliografische Daten sind im Internet über http://dnb.d-nb.de abrufbar.
Alle in diesem Buch genannten Marken und Produktnamen unterliegen warenzeichen-, marken- oder patentrechtlichem Schutz bzw. sind Warenzeichen oder eingetragene Warenzeichen der jeweiligen Inhaber. Die Wiedergabe von Marken, Produktnamen, Gebrauchsnamen, Handelsnamen, Warenbezeichnungen u.s.w. in diesem Werk berechtigt auch ohne besondere Kennzeichnung nicht zu der Annahme, dass solche Namen im Sinne der Warenzeichen- und Markenschutzgesetzgebung als frei zu betrachten wären und daher von jedermann benutzt werden dürften.

Information bibliographique publiée par la Deutsche Nationalbibliothek: La Deutsche Nationalbibliothek inscrit cette publication à la Deutsche Nationalbibliografie; des données bibliographiques détaillées sont disponibles sur internet à l'adresse http://dnb.d-nb.de.
Toutes marques et noms de produits mentionnés dans ce livre demeurent sous la protection des marques, des marques déposées et des brevets, et sont des marques ou des marques déposées de leurs détenteurs respectifs. L'utilisation des marques, noms de produits, noms communs, noms commerciaux, descriptions de produits, etc, même sans qu'ils soient mentionnés de façon particulière dans ce livre ne signifie en aucune façon que ces noms peuvent être utilisés sans restriction à l'égard de la législation pour la protection des marques et des marques déposées et pourraient donc être utilisés par quiconque.

Coverbild / Photo de couverture: www.ingimage.com

Verlag / Editeur:
Éditions universitaires européennes
ist ein Imprint der / est une marque déposée de
OmniScriptum GmbH & Co. KG
Heinrich-Böcking-Str. 6-8, 66121 Saarbrücken, Deutschland / Allemagne
Email: info@editions-ue.com

Herstellung: siehe letzte Seite /
Impression: voir la dernière page
ISBN: 978-3-639-72717-3

Copyright / Droit d'auteur © 2014 OmniScriptum GmbH & Co. KG
Alle Rechte vorbehalten. / Tous droits réservés. Saarbrücken 2014

D'UN ACCOMPAGNEMENT DANS LA DEPENDANCE A UN ACCOMPAGNEMENT VERS L'AUTONOMIE

A mes parents qui m'ont donné la vie

A Augustin

Merci à André Liénard qui m'a guidée dans ce travail.

Merci à Geneviève et André Liénard, pour leur expérience partagée dans le domaine de l'accompagnement des enfants et des adolescents.

Merci à Richard Meyer, à Marie-Christine Piatkowski et à tous les formateurs de l'EEPSSA à Strasbourg qui m'ont éveillée à un nouveau regard sur la vie.

Merci à Jean-Luc Deconinck qui m'a accompagnée tout au long de mon cheminement personnel.

INTRODUCTION

1. Ce qui m' amène à cette formation .

En entamant la formation de somatothérapeute , j'ai recontacté un vieux rêve enfoui en moi, celui de devenir thérapeute d'enfants . Mon parcours m'a chaque fois amenée à travailler en parallèle de mon désir profond , et le travail d'enseignante, que j'ai pratiqué jusqu'à présent, ne me permettait pas d'accompagner complètement l'autre comme je l'aurais souhaité. L'objet de l'enseignement est de réaliser une tâche , d'amener l'enfant à un savoir et un savoir-faire , bien plus que de l'accompagner dans un savoir-être .

Il me semble qu'il était enfin temps de comprendre ce qui se passait et pour quelles raisons je m'accrochais désespérément à ce savoir et à ce savoir-faire .
Il s'agissait donc d'abord « d'être », de pouvoir m'habiter pleinement corps et âme , d'être présente à moi pour ensuite être présente à l'autre .

A côté d'un travail de développement personnel approfondi , cette formation m'a amenée à pouvoir m'affirmer dans un groupe , à simplement « être » face aux autres , à vivre la rencontre , à prendre conscience que nous sommes tous en route vers notre être profond et qu' une relation sans jugement est celle qui permet à chacun de grandir le mieux possible .
L'exercice de « Présence juste », qui nous fût enseignée par Richard Meyer (1), m'a appris à me rejoindre en vérité et m'a permis d'évoluer.
C'est en se recentrant dans son corps , qu'on peut se retrouver soi-même.
Tout un travail en haptonomie m'a également permis de mieux habiter mon être , pour pouvoir ensuite me prolonger vers l'autre .
J'ai enfin découvert ce que signifiait vraiment « être en empathie » selon Rogers :

accompagner l'autre en étant témoin de son cheminement, en étant reflet ou miroir, sans chercher à lui apporter de solution.

Si je me suis si longtemps accrochée au scolaire, c'est que là, j'avais l'impression de pouvoir maîtriser, évaluer le résultat.
 C'est rassurant d'aider l'autre à faire quelque chose, alors que dans un accompagnement thérapeutique, je ne maîtrise que peu de choses. La clé est de faire confiance à l'autre parce que lui seul peut décider de grandir et de devenir plus autonome. Certaines techniques aident, mais en dernier ressort, évoluer vers l'autonomie lui appartient.

Une formation en gestion mentale m'avait aidée à accompagner l'adolescent à former un projet d'apprentissage, à savoir comment mémoriser, comment rechercher des notions apprises auparavant pour les utiliser dans une situation nouvelle.
La gestion mentale consiste à être essentiellement à l'écoute de la pensée du jeune et à l'aider à prendre conscience de la façon dont fonctionne sa pensée à lui. On l'appelle « psychanalyse de la pensée logique ».
Une formation en rééducation des troubles logico-mathématiques m'avait fait découvrir comment mettre l'enfant en recherche, sans jamais évaluer ses tâtonnements, afin que, librement, il puisse construire sa pensée.
Ces deux formations m'avaient certainement mise sur la piste du développement de l'autonomie dans le processus de l'apprentissage. Était-ce suffisant ?

 Que m'a appris ma pratique dans cette ligne de pensée ?
Au niveau des enfants, régulièrement j'en voyais certains devenir plus confiants. Pour ces enfants-là, l'enseignement avait probablement été un peu trop rapide, ce qui faisait qu'ils perdaient pied. Par contre au niveau de leur développement personnel, il y avait peu de « ratés », ces enfants étaient épanouis et confiants en-dehors du cadre scolaire. D'autres enfants manifestaient, non seulement au niveau scolaire,

mais de façon générale très peu de confiance en eux . Ce sont des enfants qu'on dit « timides », des enfants assez inhibés . Quelquefois ils semblaient comprendre sur le moment, mais n'arrivaient pas à fixer quoique ce soit . En essayant de les mettre en projet de redire, revoir, revivre les notions , la semaine suivante tout semblait s'être envolé . Un autre accompagnement s'avérait nécessaire.

Au niveau des adolescents , j'ai fait la même constatation, c'est-à-dire que les jeunes, pour qui l'aide est efficace , n'ont besoin qu'un « coup de pouce » pour se sentir plus confiants . Parfois, il y a un certain manque d'autonomie pour démarrer la démarche d'apprentissage. Alors une ou deux séances suffisent pour donner une méthode qui faisait défaut, ou pour clarifier le travail d'autonomie : il ne s'agit plus de « se laisser porter par sa mère », mais de prendre son apprentissage en mains personnellement .

Mais il y a tous les autres , chez qui manifestement, il y a ce mystère qui fait obstacle …. Pourquoi oublient-ils régulièrement ce qui a été fixé lentement , posément ? Pourquoi n'arrivent-ils jamais « à s'y mettre » ? Pourquoi n'essaient-ils pas une autre méthode proposée, si la leur ne fonctionne pas, jusqu'au moment où ils trouvent ce qui leur convient réellement ?

Alors , une approche d'enseignant permet-elle d'aider ces jeunes-là ? Il m'a donc fallu admettre que ce n'était qu'un leurre et que, bien souvent l'enfant ou l'adolescent en difficulté scolaire ne pouvait être aidé par un adulte qui enseigne, aussi compétent soit-il . L'enseignant fera répéter l'élève en lui réexpliquant maintes et maintes fois . De cette façon , je me sentais répétitrice. Etre somatothérapeute, c'est pouvoir écouter et inventer, afin que les « habitudes scolaires » ne se répètent plus. C'est aussi inventer pour que le jeune à son tour invente et crée son approche de l'école de façon positive .

J'aimerais, quand je reçois un jeune , pouvoir prendre le temps de situer si seule une aide scolaire peut suffire , si parfois un travail de relaxation et de remise en confiance est nécessaire, ou si, comme nous le dit souvent André Liénard, on oublie tous les tracas, on fait table rase et on prend le temps de l'écoute : qu'est-ce qui l'intéresse ? de quoi est faite sa vie ?

Et quand il s'agit d'adolescent, comment se situe-t-il par rapport à cette « catastrophe » qu'est l'adolescence ? Cette période de sa vie où tous ses repères sont bouleversés.
A ce moment ce n'est plus d'un travail d'aide scolaire dont le jeune a besoin, mais d'une présence qui l'accompagne dans cette traversée, de quelqu'un en empathie qui entend là où il y a souffrance. Parce que cette souffrance empêche d'être disponible à un quelconque apprentissage. Et c'est ce travail de déblayage qui permettra d'avancer.

Manifestement, dans mon travail actuel il y a quelque chose qui manque, c'est écouter au-delà de ce qui est demandé de prime abord, c'est prendre en compte ce qui n'est pas dit dans un premier temps pour le laisser émerger au fur et à mesure.
Cette formation de psycho-somatothérapeute m'a ouvert à cette dimension d'écoute spirituelle de moi-même en premier lieu, pour ensuite pouvoir écouter ce que le jeune n'arrive pas à dire avec des mots.
Peut être le dit-il à travers son parcours scolaire difficile.

2. *Mon cadre de travail*.

Mon travail se situe à deux niveaux : dans un cadre scolaire et à domicile
Dans le cadre scolaire , j'interviens, d'une part, en travaillant avec des enfants individuellement pour un travail de remédiation scolaire ponctuel et d'autre part en travaillant avec des groupes hétérogènes de 12 enfants, où là, il s'agit d'un travail d'enseignement à proprement parler.

Le cadre scolaire tend à me persuader de la nécessité d'obtenir un résultat, plutôt que de permettre à l'enfant de développer sa pensée . C'est tous les jours que j'ai ce besoin de me réajuster, pour savoir ce que personnellement j'estime important. Et combien le fait de me centrer sur l'enfant , même sans prendre le temps d'une longue écoute , permet parfois de dénouer la pensée qui bloque.
Chacun arrive où il peut et tous ne doivent pas arriver au même point : c'est une évidence et pourtant il s'agit de se le remettre en tête continuellement. Pourquoi la plupart des enseignants s'estiment-ils satisfaits, non pas quand les enfants ont pu développer une pensée qui se construit , mais bien plus quand les enfants ont de bons résultats ? Les résultats sont palpables et la pensée de l'enfant reste souvent mystérieuse et opaque pour l'adulte . Plus j'avance , plus j'observe combien les enfants sont terriblement habiles à répondre à l'attente de l'adulte , combien ils devinent la réponse qui lui fera plaisir et combien ils font peu confiance à leur propre pensée .
J'essaie chaque jour d'avancer pas à pas avec le peu de temps dont je dispose , en permettant à chacun de progresser à son niveau : celui dont la pensée est rapide et déjà élaborée, et celui qui essaie de survivre en faisant ce qu'il y a moyen en faisant plaisir à l'adulte pour être aimé, et qui a pratiquement renoncé à « comprendre » .
Quand je reçois des jeunes chez moi , la demande concerne toujours le scolaire : soit pour un travail en gestion mentale , soit pour un problème dans une matière spécifique , les mathématiques ou le français (comment faire un résumé ou un plan

de texte) , soit pour une faiblesse générale .

Le plus souvent, la mère ou le père demande que, de l'extérieur, quelqu'un intervienne pour permettre à son enfant de rentrer dans le système afin qu'on ne s'inquiète plus . Là, il s'agit de la demande explicite à laquelle je me suis accrochée pendant longtemps .

Mon questionnement à travers ce travail est comment pouvoir écouter ce que cache cette demande, tant au niveau des parents qu'au niveau du jeune, et de trouver comment me détacher de ma réaction intérieure : « je vais solutionner les choses , ne vous en faites pas » .

Comment recevoir l'angoisse des parents ? Comment ont-ils jusqu'à présent essayer d'aider leur enfant ou peut être essayer de le porter ?

Et comment se situe l'enfant , l'adolescent par rapport à la démarche de son parent ? Quel est son désir à lui , pense-t-il vraiment qu'il a besoin d'une aide extérieure ? Et comment la voit-il ? Est-ce une façon de se faire porter par une autre que ses parents ? Ou voit-il la possibilité de devenir plus autonome et de pouvoir grandir ?

Mon désir est simplement de pouvoir accompagner le cheminement du jeune dans son vécu : Comment vit-il sa scolarité ? Que désire-t-il en faire ? Comment peut-il, d'une part vivre dans le système social en respectant les contraintes et d'autre part, trouver son chemin de vie personnel ?

Comment a-t-il vécu les étapes précédentes de sa vie ?
Où en est-il dans son évolution affective ?
Si nous reprenons les étapes ontogénétiques de Richard Meyer, est-il sorti de la matrice fusionnelle ? A-t-il la confiance nécessaire pour entrer dans l'étape de socialisation ?

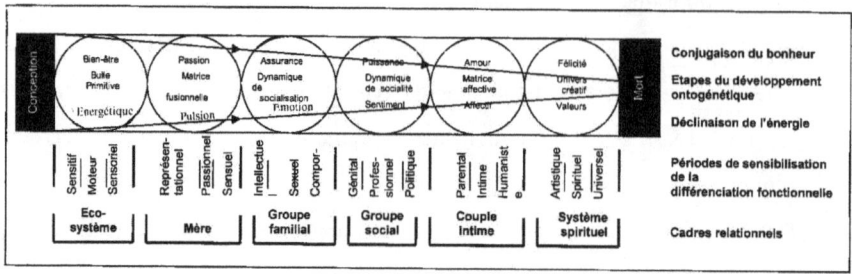

schéma 24 : Les étapes du développement ontogénétique (2)

Si dans les six étapes du développement ontologique, Richard Meyer nous décrit la première étape ou bulle primitive essentiellement comme énergétique, la deuxième étape ou matrice fusionnelle est l'étape passionnelle, durant laquelle l'enfant vit une relation intime avec sa mère essentiellement. Ce n'est qu'à la sortie de cette étape, qu'il peut entrer dans la dynamique de socialisation, étape qui le verra prendre plus d'autonomie, qui le verra s'intéresser aux autres et qui lui permettra de faire des apprentissages dans le monde extérieur.

Geneviève Liénard nous dira la même chose en d'autres mots : est-il suffisamment apaisé par rapport aux grands conflits psychologiques : qui est Papa ? qui est Maman ? Qui suis-je ?
Ses grands apprentissages qui concernent l'alimentation, la motricité, la propreté sont-ils bien terminés ?
A ce moment-là, il est prêt pour l'acquisition des savoirs, il développe une grande curiosité pour tout ce qui l'entoure.
Qu'a-t-il réellement besoin ? Un accompagnement scolaire ? Dans quelle mesure cet accompagnement ne deviendra-t-il pas une dépendance ? Ou au contraire une prise de conscience du sens de son « échec »? Mais pourquoi parle-t-on d'échec, échec par rapport au système ou échec par rapport à l'attente de ses parents ou par rapport à son désir à lui ? Mais parle-t-on d'échec, quand un enfant tombe lorsqu'il apprend à marcher ?

Parallèlement , j'aimerais pouvoir accompagner aussi les parents et là, je suis en recherche quant à ma manière d' être par rapport à eux , parce que c'est cette relation qui probablement me pose le plus question . Trop de vécus anciens sont encore impliqués dans mon contre-transfert .

J'ai un long passé de « faire plaisir à » , « m'effacer pour écouter l'autre mais sans m'écouter moi » Et dans ce cas , puis-je vraiment écouter ??? Qu'est-ce qui fait qu'il m'arrive de donner priorité à la demande explicite

des parents plutôt qu'à une écoute attentive de l'enfant et des parents ??

Mais de quoi s'agit-il quand on parle de contre-transfert dans une relation d'aide ? « Dans la cure psychanalytique , le contre-transfert désigne le sentiment inconscient qu'éprouve l'analyste en réaction aux sentiments inconscients de l'analysé dans son travail d'analyse . Ces sentiments de contre-transfert facilitent chez l'analyste la compréhension de la nature du conflit intrapsychique vécu par l'analysé dans son travail d'analyse et son interprétation dynamique en vue de l'amélioration de son état . »

Cette définition , trouvée dans Wikipédia, reflète bien ce qui se dégage de cette notion .

Même sans être dans un travail psychanalytique, toute relation d'aide est teintée de sentiments inconscients tant chez le thérapeute que chez le patient .

Il est essentiel pour le thérapeute d'écouter ses sentiments inconscients , de se sentir en résonnance d'abord avec ce qu'il vit lui-même et ensuite avec ce que vit l'autre , pour faire le tri entre ce qui lui appartient et ce qui appartient à l'autre .

I. MON EXPERIENCE PASSEE

1. *TRAVAIL AVEC LES ENFANTS.*

Ayant une formation en rééducation des troubles logico-mathématiques de la pensée , j'ai des demandes pour des difficultés en mathématiques, parfois sur insistance de l'école .

A . Comment ne pas évaluer une réponse peut libérer la réflexion

Dans un travail individuel , il y a une attention particulière à l'enfant , même si on ne fait pas de thérapie. Quelquefois ce moment privilégié lui redonne confiance, parce que quelqu'un prend le temps d'écouter sa démarche de pensée . Sans nécessairement entrer dans une longue écoute où l'enfant se dit émotionnellement , il peut s'essayer au raisonnement et ne risque aucune sanction de "c'est bien" ou "c'est mal" . La peur de ne pas savoir s'amenuise et il peut se permettre de répondre ce que bon lui semble . Si ensuite, on creuse pour qu'il puisse prendre du recul , il peut, petit à petit, analyser le chemin de pensée qu'il a pris . Beaucoup d'enfants n'explorent pas la piste de la réflexion , ils s'efforcent de « produire » une bonne réponse .

Voici un exemple éclairant : une enfant de 10 ans à qui je proposais un petit problème me donne une réponse erronée .
Sans aucunement poser d'évaluation , mais intéressée , je lui demande de me donner la démarche qui l'a menée à cette réponse .
Elle essaie de me dire ce qu'elle a fait , mais c'est difficile, parce que ce n'est pas une démarche habituelle pour elle . Je lui propose un autre problème du même type et lui repose la même question . Sa réponse est toujours erronée , mais la description de sa démarche s'affine .
Au bout de cinq petits problèmes du même type , elle a une description très précise de

son chemin et sa réponse est correcte, sans que jamais je ne lui ai dit si sa réponse était bonne ou non, même à la fin . Ce n'était pas nécessaire , elle-même se rendait bien compte que cette fois-ci les choses étaient devenues claires .

Tant que comme adulte , on « évalue » , on bloque la démarche de réflexion et l'enfant ne se réfère qu'à l' appréciation de l'adulte.
Et très souvent il ne peut pas creuser sa réflexion, parce que, si on le corrige , il fixe cette seule pensée « je me suis trompé » ou « j'ai encore tout faux » .
En gestion mentale, c'est ce qu'on appelle une mauvaise « évocation » .

Pour favoriser l'autonomie de chacun, la confiance en sa capacité de trouver une solution un jour, est essentielle .
Tant que l'adulte lui fait remarquer qu'il y a erreur , le message implicite est : « seul tu n'y arrives pas , il faut que je te dise comment faire » . De là naît la conviction de ne pas pouvoir relever le défi .
Par contre, quand l'adulte interroge l'enfant sur son chemin , le message est : « ce que tu dis m'intéresse , dis-moi comment tu réfléchis » . Là, l'intérêt que l'adulte lui porte est stimulant et la réflexion peut se construire .

Ces enfants ont besoin de plus de temps que les autres . Les choses allant trop vite en classe, ils perdent le fil et se laissent submerger par le « je ne comprends pas » . Ils ne se permettent plus de se faire confiance . Le danger, c'est qu' ils peuvent perdre leur curiosité et le désir d'apprendre .

B. Où la difficulté est expression d'un mal-être temporaire

Mélanie arrive en début de troisième primaire, parce que sa deuxième fut « catastrophique », au dire de ses parents . En mathématiques, elle ne comprend rien .
J'ai travaillé un an avec elle, à raison de deux fois par semaine, tout ce qui était

jeux logiques sans aucunement aborder le travail scolaire. Petit à petit, Mélanie s'est sentie plus en confiance et a eu de meilleurs résultats. Je me proposais de travailler le scolaire l'année suivante , mais les parents, essentiellement le père, ont décidé d'arrêter les séances. Le père avait commencé à prendre du temps pour sa fille . C'est probablement ce que Mélanie exprimait à travers une scolarité difficile : « Occupez-vous de moi » .

Au début, j'ai vu longuement la mère, qui semblait se reposer sur le grand-père pour aider sa fille. Mélanie est de deux ans l'aînée de deux sœurs jumelles . Le père était aussi ouvert à cette démarche d'aide , mais estimait surtout que sa fille était paresseuse . Je l'ai vu, de temps à autre, quand il venait la chercher, mais pas longuement . Ces rencontres et l'évolution de sa fille lui ont permis de cheminer dans son rôle de papa , il a été plus attentif à son enfant et à son travail scolaire.

Que conclure de cette année ?

Pour Mélanie, le fait d'avoir été reconnue dans la famille, en étant prise en charge individuellement, a certainement été thérapeutique .
Les parents se sont rendu compte qu'elle était capable autant que ses sœurs, mais qu'elle avait besoin d'un peu plus d'attention , les petites jumelles ayant pris beaucoup de temps et de présence des parents .
Ce changement d'attitude a surtout été marqué chez le père , ce qui fut important. Dans l'histoire de la famille, les jumelles semblaient proches de leur père et Mélanie proche de sa mère , qui elle aussi était nulle en mathématiques .

Comment me suis-je située moi dans ce travail ?

J'ai travaillé de façon assez intuitive . En fin d'année sentant que les choses évoluaient bien pour Mélanie , j'aurais aimé continuer , pour me rassurer moi. C'était gratifiant: j'avais l'impression d'avoir fait du bon travail , j'étais « la bonne

maman » qui avait tout fait pour son enfant . Et Mélanie était une gentille petite fille qui voulait me faire plaisir et qui m'a renvoyé l'une ou l'autre fois :
« Mon papa m'a dit que j'apprends à bien réfléchir avec vous » .
Mon rôle n'était pas de me faire plaisir , mais de lâcher prise pour qu'elle vole de ses propres ailes . Elle transférait gentiment , et moi je me laissais prendre au piège du contretransfert en devenant « la gentille maman qui se nourrit de sa petite fille » .
Ce fut une bonne chose que les parents aient pris la décision d'arrêter . J'aurais entretenu une dépendance que je recherchais, sans m'en rendre compte . Cependant c'est l'autonomie que je souhaite .

C. *L'enfant, submergé par des troubles affectifs qui l'empêchent de construire sa pensée* .

CAS d' AMELIE

Là, nous nous trouvons vraiment face à ce lien entre affectivité et mathématiques .
C'est sur le conseil de l'instituteur que la demande d'aide en mathématiques m'est adressée . En fin de première année, Amélie peut lire , mais ne comprend rien aux nombres.
A sept ans, elle est toujours en grande dépendance et angoisse, dès qu'elle se retrouve seule dans une pièce . Elle s'endort aux côtés de sa maman (ou de son papa) et partage souvent le lit d'un parent la nuit entière . Quand elle était encore bébé, les parents commencèrent de faire chambre à part , pour que la petite puisse dormir avec sa mère .
Cette dernière a retardé la reprise de son travail jusqu'à ce qu'Amélie ait un an , tellement elle sentait son enfant craintive.
Au moment d'aller à la crèche , l'enfant refuse de s'y nourrir et semble passer son temps à attendre sa maman .

Les parents se séparent quand elle a quatre ans , se remettent ensemble et se reséparent quand elle a sept ans . C'est vers cette période que je commence à travailler avec elle.

Il n'y a jamais eu rupture de la fusion avec la mère , sa vie ne se structure pas dans une triangulation « enfant - maman - et papa qui coupe le cordon mère-fille ». Au contraire , il semble que l'enfant ait cassé le couple , même si la situation est plus complexe .
Elle se trouve toujours dans la matrice fusionnelle , deuxième étape du développement de la personne , dont parle Richard Meyer (2) .
Elle n'est pas du tout prête à entrer dans la phase de socialisation qui s'accompagne d'organisation, de contraintes et de discipline . Or la mathématique est organisation , structure , abstraction. Cette structure ne peut se construire, tant que l'enfant n'est pas séparée de sa mère et que chacun n'occupe pas sa juste place dans la famille .
 « Abstraire reviendrait à se séparer : quitter un support concret, perceptible, pour la notion mathématique qu'il illustre .Quitter la personne du professeur pour s'approprier le contenu de son enseignement . » (3)

Mais comment quitter la personne du professeur , si elle ne peut toujours pas quitter sa mère ? Si , à 7 ans, elle angoisse de se retrouver seule à jouer dans sa chambre, alors que sa mère se trouve dans la pièce d'à côté ?

« Le passage d'un support concret à une idée abstraite ne constitue pas une séparation définitive. La transition de « cinq doigts » vers la notion de « cinq » . . . . ne peut se faire que dans un jeu d'allers et retours incessants . » (4)

Mais elle ne semble pas encore avoir intégré qu'une séparation temporaire par rapport à sa mère ne constitue pas une séparation définitive. Pour grandir, pour devenir autonome, pour entrer dans la dynamique de socialisation , cette séparation est indispensable.
Les grands conflits psychologiques de la petite enfance sont loin d'être résolus.

Mon travail avec Amélie.

Un travail d'accompagnement scolaire, même dans l'idée de non-évaluation, n'a pu aider l'enfant, parce qu' à la base quelque chose n'était pas résolu, elle est restée dans cette matrice fusionnelle.
J'ai également fait un travail logique non-scolaire, mais l'avancée était très lente : elle avait beaucoup de difficultés à se souvenir, à « voir dans sa tête », car trop d'images affectives étaient présentes.

Comme au moment de notre travail, une nouvelle séparation des parents est survenue, j'ai pris le temps de la laisser dessiner et d'exprimer ce qui se passait. Ces séances plus thérapeutiques furent importantes. L'enfant vivait des scènes de violence entre ses parents et a pu décharger ses angoisses par rapport à ce qui se passait. Elle se sentait responsable de la séparation de ses parents et essayait de savoir comment les remettre ensemble. Elle prenait un rôle protecteur par rapport à sa mère.
J'ai pris le temps de mettre les choses à leur place, de dire le rôle de ses parents et son rôle à elle qui n'est certainement pas de protéger ses parents. Et puis très vite, trop vite, je me suis raccrochée au scolaire quand j'ai senti qu'il y avait un léger mieux. Pourtant les choses étaient loin d'être réglées. En effet, l'angoisse avait un peu diminué, mais il n'y avait aucun changement dans son attitude de dépendance complète par rapport à l'adulte. De plus, je n'avais pas clairement nommé que je faisais un travail plus thérapeutique. Les parents n'avaient rien réglé non plus et, souvent, Amélie était prétexte de conflit entre eux. Il y avait démission de leur rôle comme parents qui cadrent, limitent et sécurisent l'enfant. Je les sentais, eux aussi, dans cette fusion dont, chacun à sa façon, semblait se nourrir. Tant que cette relation fusionnelle n'était pas travaillée, c'était un leurre de croire qu'Amélie puisse devenir autonome dans le travail scolaire.
Au niveau des parents, j'ai pris le temps de l'écoute, mais ensuite je suis passée aux

conseils , consciente toutefois que les conseils sont ce qui est à proscrire , si la personne ne se sent pas prête à les entendre et dans ce cas, il n'est pas utile de les donner parce que la personne en prend conscience elle-même .

Comment je me suis située dans ce travail:

J'ai travaillé dans les locaux de l'école, ce qui d'emblée, donnait à l'enfant et aux parents le renforcement de l'idée de "cours" de rattrapage
et me conférait un rôle de répétitrice. L'enfant était ouverte et se sentait en confiance , par contre elle n'a, à aucun moment, pu entrevoir qu'elle pouvait grandir en devenant plus autonome, d'une façon ou d'une autre . Elle se confortait dans ce rôle de petite fille dont on s'occupe .

En ce qui concerne les parents, j'ai rencontré la mère individuellement, trois fois sur l'année et le père, de temps à autre, quand il venait chercher sa fille. J'ai eu l'impression que chacun se déchargeait sur l'autre parent et lui faisait porter la responsabilité des difficultés de leur enfant. Ce pouvait aussi être la responsabilité de l'école, qui était trop exigeante. Parfois, ils étaient prêts à dire qu'il fallait que leur fille grandisse , mais comme Amélie ne voulait pas ..... ils ne pouvaient rien faire !
Il me semble qu' une meilleure écoute m'aurait aidée à chercher avec les parents quels petits pas pouvaient être faits pour mener leur fille vers une plus grande autonomie . Chercher aussi ce qui était difficile pour chacun de leur côté quand ils étaient avec leur enfant . Une rencontre plus régulière eut été nécessaire , or comme je voyais l'enfant à l'école , je ne les voyais que rarement.
Quant au cadre, je ne l'avais pas posé , c'était le flou : que faisait-on vraiment, une aide thérapeutique ou des cours de rattrapage ?
Pour moi également, je ne savais pas toujours où je me situais . Dans les contacts avec les parents , une certaine impatience me poussait à donner des conseils .

D. Comment écouter un enfant hyperactif

CAS DE FRED

Fred a 8 ans . De temps à autre je travaille avec lui en remédiation dans le cadre d'une aide ponctuelle durant les heures de classe et sur la demande de l'institutrice .
Il est très enthousiaste , mais je constate qu'il ne tient pas en place pendant qu'on travaille . Il est impatient, quand je m'adresse à l'enfant qui vient travailler en même temps que lui .

Après quelques fois , sa mère vient me trouver en me demandant si je donne des cours particuliers , parce que son fils lui a demandé de travailler plus souvent avec moi . J'accepte . Elle me dit comprendre le désir de son enfant : me voyant, elle a cru revoir sa mère à elle , décédée un an et demi auparavant, grand-mère chez qui Fred passait beaucoup de temps .
La demande des parents est d'être soulagés au niveau des devoirs, qui sont chaque jour un combat.
Fred est l'aîné de 2 enfants . Son frère de 2 ans plus jeune est atteint d'un handicap et a intégré l'enseignement spécial à partir de cette année scolaire . A l'école maternelle , Fred prenait toujours un rôle protecteur par rapport à son frère : il se montrait très susceptible et réagissait au quart de tour à tout comportement qu'il pouvait sentir comme menaçant de la part d'un autre enfant . Il va depuis quelque temps chez une psychologue, pour travailler la jalousie à l'égard de son petit frère . Il va aussi chez une graphologue , son écriture étant très brouillon . Et enfin vers la fin de l'année , il ira encore chez une logopède pour travailler ses difficultés en mathématiques .

Il est sous relatine , diagnostiqué légèrement hyper-actif .Au début de l'année suivante , on diagnostique également un légère dyspraxie.

Ces multiples aides me font évoquer un patch-work de rustines qui ne va pas au cœur d'une souffrance unique exprimée par divers symptômes.

Travail avec l'enfant.

Nous commençons à travailler au 3° trimestre. Fred est débordé par tout le travail demandé durant la journée en classe. Il le bâcle pour avoir terminé au plus vite et doit faire des corrections le soir.
Je le sens découragé et rechignant au travail. Il essaie de faire des compromis pour diminuer son travail ... et me fait souvent des dessins de prisons.

Comment vais-je vivre cela ??

Dans un premier temps, j'aimerais soulager les parents, que je sens angoissés et débordés et j'essaie tant bien que mal qu'il termine tous ses devoirs.
Mais parallèlement, j'ai du mal à accepter ce système scolaire qui à mon sens est trop contraignant quand on a 8 ans.
Je me sens également déstabilisée par cet enfant qui n'en veut pas.
Mon attitude est d'être centrée sur le travail à faire en essayant que l'enfant s'adapte tant bien que mal au système parce que c'est la demande explicite des parents. Mais je suis mal à l'aise dans ce rôle de « répétitrice », qui ne fait que reprendre le rôle des parents. J'aimerais être plus inventive et le lui permettre également.

Septembre de l'année suivante, on reprend le travail, toujours dans le même esprit. C'est le début d'année, c'est une nouvelle institutrice et cela va bien.
Au fur et à mesure que le temps avance, Fred recommence à rechigner et dit qu'il fera le travail à la maison. Cette année, il peut organiser ses devoirs pour la semaine complète et nous nous voyons le lundi. Je suis de plus en plus persuadée que sa demande, à lui, est qu'on lui fasse confiance et qu'il puisse se débrouiller seul.

Ma difficulté reste cependant de taire mon angoisse, quand il refuse de faire quoique ce soit.

Petit à petit au 2° trimestre , je sens que mon angoisse diminue sans pour autant disparaître complètement et je peux établir un contact plus détendu et même jouer la moitié du temps quand il estime avoir fait sa part de travail . J'essaie d'introduire de nouveaux jeux où il y a une autre réflexion , mais tout ce qui est neuf l'inquiète et il revient à ce qu'il connaît . La phobie du neuf apparaît comme importante chez lui : nouveau veut dire « risque de ne pas y arriver , de ne pas comprendre , d'être en échec » . Or l'école pousse l'enfant à aller chaque fois de l'avant et à explorer l'inconnu . Les enfants qui ont cette phobie du neuf ont souvent beaucoup de difficulté à s'adapter au monde scolaire qui propose en continu de relever de nouveaux défis .

A une séance , il me parle d'une chanson qu'il a entendue, où une phrase l'a touché : « on va zigouiller nos parents ». Le mot est nouveau pour lui et il reprend « Moi je veux zigouiller mon père quand il crie beaucoup trop fort »
Si je creuse son ressenti « c'est comment quand tu veux zigouiller ton père ? Est-ce que tu sens de la tristesse , de la colère ? » , il se ferme , il se carapaçonne toujours quand je touche à l'émotion . C'est un terrain hyper sensible pour lui . Je travaille parfois la détente avec des mots et lui demande comment c'est pour lui . Alors il s'échappe bien vite et passe à autre chose. Le seul moment où il se détend vraiment , c'est quand il vient se blottir contre moi . Je pose alors ma main dans le bas du dos pour qu'il puisse sentir sa base . Le contact corporel est bon pour lui, quand il a décidé lui-même de venir le chercher .
L'année se termine de façon beaucoup plus détendue . Mais Fred garde une angoisse dès que je lui propose de faire une répartition de travail, qu'il n'a pas décidé lui-même . Il cède à la panique aussi si une tâche lui semble trop complexe et qu'il ne voit pas tout de suite la solution .

Mon désir à moi, c'est de pouvoir accompagner l'enfant dans son vécu, de pouvoir entendre son refus de travailler quand il n'a pas décidé lui-même les choses, c'est d'être contenante par rapport à l'angoisse qui le submerge, quand il n'est pas sûr d'y arriver tout de suite. Lui permettre de se poser, lui faire confiance. Pouvoir accepter qu' aujourd'hui, il décide de ne rien faire ou presque rien. Seul, il en prendra la responsabilité, si le travail sera plus important le lendemain ou si une sanction s'ensuit à l'école. Tant que l'adulte angoisse pour lui, il se sent emprisonné. Etre là sans angoisse pour l'accompagner quand il en a besoin, être accueillante de ses colères, de ses frustrations mais, sans les prendre pour moi. Etre en empathie et non en fusion, fusion qu'il vit peut être à la maison.

Comment situer Fred ?

Il garde d'une étape antérieure une impulsivité trop importante. La naissance du petit frère handicapé peut être un facteur prégnant.
Comment a été vécue cette naissance, comment les parents ont-ils réagi à son égard, alors qu'ils avaient à accueillir un enfant handicapé ? On le sent en stress continuel, avec un besoin de tout contrôler, au risque de se sentir submergé par l'angoisse.
Son entrée dans le stade de socialisation n'est pas harmonieuse. Contrainte et discipline sont difficilement acceptables.

A sa demande, après le travail scolaire, on a appris à jouer aux échecs. Ce n'est que, lentement qu'il a intégré les règles du jeu et, pour qu'il puisse persévérer, il a fallu que je le laisse gagner à chaque fois. Petit à petit, j'ai essayé de le guider, pour établir une certaine stratégie.

Au niveau scolaire, il n'y avait vraiment aucune difficulté de raisonnement, mais il était habité d'une grande angoisse. Un travail plus profond eut été nécessaire. La demande de ce travail ne m'était pas adressée et par ailleurs, il voyait toujours une psychologue en cette fin d'année. Je ne me situais pas clairement dans mon travail.

Travail avec les parents .

D'emblée , j'ai voulu leur faire plaisir . J'ai surtout vu la mère qui me semblait douce , j'ai eu envie de la soulager , Fred étant un enfant fatigant, parce qu' il ne tenait pas en place, et son second enfant étant sérieusement handicapé . Je n'avais pas de rendez-vous organisé avec les parents , mais c'était parfois la mère , parfois le père, que je voyais en fin de séance .

Au premier trimestre de sa troisième année primaire, comme je sentais la nécessité de lui faire confiance , plutôt que de prendre le relais de parents qui le protégeaient et surveillaient son travail, un soir, j'ai suggéré au père de laisser son enfant à l'étude pour faire son travail, plutôt que de travailler avec moi . Je le sentais mûr pour se débrouiller tout seul .

Mais le père entend seulement que je refuse . La mère prend le relais en me demandant par téléphone ce qui se passe , comment s'est comporté leur enfant pour que je refuse de travailler avec lui . Je précise qu'il ne s'agit pas d'un refus .
Cela me décourage un peu , le message n'est pas passé . Au lieu de prendre le temps d'une rencontre avec les parents pour les écouter, je laisse passer .
Petit à petit au cours de l'année , je me centre sur le travail avec Fred et je communique moins avec les parents . Comme ses résultats sont bons en fin d'année , les parents décident d'arrêter provisoirement le travail .
Je me suis sentie particulièrement vulnérable dans ce travail avec les parents. Je prends conscience de la nécessité de prévoir un temps de rencontre , un temps d'écoute .

2. TRAVAIL AVEC LES ADOLESCENTS.

A Les adolescents ayant des difficultés récurrentes en mathématiques

Ils ne "fixent" pas les règles élémentaires à retenir ou sont perdus dès que l'exercice proposé n'est pas identique à celui vu en classe . Pendant une certaine période , j'ai pris le temps de leur permettre le raisonnement individuel , le temps aussi de les aider à expliciter leur démarche de pensée . Mais malgré tout, d'une fois à l'autre, on repart à zéro.

Je pense à un jeune en particulier : tant que je suis à côté , il y arrive mais dès qu'il se retrouve seul , il est à nouveau perdu ..

Il a un gros problème de confiance en soi .

Prendre le temps de l'écoute, en dehors de tout tracas scolaire, aurait peut être permis de comprendre à quel moment de son histoire, quelque chose a « foiré » (comme nous le dit si bien André Liénard) . Ou bien est-ce cet état de fragilité de l'adolescence qui empêche le raisonnement logique et qui fait vaciller la confiance en soi ? Les difficultés sont vraisemblablement antérieures mais resurgissent avec force à cette étape de la vie .

Dans ce cas , je n'ai pas exploré ni comment le jeune vit cet état de choses , ni comment les parents se situent par rapport à ce que vit leur enfant .

CAS DE LOUIS

Contacts avec les parents

Fin janvier, la maman de Louis m'appelle pour des difficultés en mathématiques, difficultés qu'il traîne depuis plusieurs années et qui lui ont valu de recommencer sa deuxième humanité. Agé de 15 ans il est actuellement en troisième. Le prof de mathémathiques lui a conseillé de faire de la gestion mentale, ce qui pourrait peut-être l'aider. Dans les autres matières, il n'y a pas de problèmes.

Lors du premier rendez-vous, la mère parle beaucoup et son fils très peu. Je la sens très angoissée et espérant quelque part un «miracle».

C'est elle également qui appelle quand il est malade. Après quelques séances, juste avant le congé de carnaval, elle me parle de le changer de section, de le mettre en technique et me demande si je crois vraiment qu'il va s'en sortir en enseignement général.
C'est, semble-t-il, l'école qui a suggéré ce changement de section.
Je lui demande ce qu'en pense Louis qui doit pouvoir décider ce qu'il en est. Celui-ci est présent à ce moment, mais semble ne pas prêter attention à ce qui se dit.

Ensuite je ne verrai plus la mère pendant plusieurs séances.
Juste avant le congé de Pâques, elle me repose la même question par rapport à un changement de section et je constate qu'elle est en train de faire des démarches dans ce sens.
En fin d'année, avant le début des examens, il sera inscrit dans une autre école « au cas où cela n'irait pas, il a déjà sa place ».
J'ai vu le père une seule fois. Il avait l'air assez désemparé et voulait encourager son fils pour se rassurer : « Tu verras, cela ira. »

Par contre, il m'a semblé que la mère avait tellement peur que cela n'aille pas, qu'elle a pris les devants « pour son bien ».

Je n'ai vu les parents qu' en début ou en fin de séance « sur le pas de la porte ». Je n'ai pas pris le temps d'une vraie rencontre après le premier rendez-vous.

Travail avec Louis

Il apparaît comme très peu sûr de lui, bégaie légèrement, dit qu'en classe tout va tellement vite qu'il a à peine le temps de noter et absolument pas le temps de comprendre.

Il dit travailler beaucoup et tout confondre. Il suit par ailleurs des cours privés de mathématiques.

Ce que je constate c'est que quand il fait un exercice, il ne prend pas le temps de se situer par rapport au chapitre abordé, ni de se rappeler les éléments de matière auxquels il s'agit de se référer. Il part dans la confusion et résiste, quand je lui demande de clarifier ce qu'il va travailler. D'autre part, quand il se trompe, ce qu'il retient, c'est d'avoir fait une erreur, plutôt que le contenu de ce qui lui a échappé. Ce contenu qu'il s'agit maintenant de retenir, afin de ne pas rester dans la confusion.

J'ai donc commencé à travailler l'arrêt avant les exercices pour se situer sans confusion dans la matière. Nous avons aussi travaillé le désir de sortir de cette confusion.

Il est parfois impatient de tout faire à la fois. Quand je lui demande de quoi traite le chapitre, en prenant pas à pas les notions, il me rétorque souvent : « Là, ça va mais je ne sais pas comment faire les exercices ». Il a beaucoup de mal à accepter que mettre les notions de base au clair et les « fixer » permettra de comprendre comment résoudre les exercices.

A chaque fois, c'est ce même travail que j'entreprends : fixer le point de départ pour pouvoir construire. Et à chaque fois, je me heurte à une forte résistance. De temps à autre, j'ai interrogé cette résistance , à quoi il me rétorque : « Mes résultats prouvent que je suis nul ».

Je le revois une séance extra, avant le congé de carnaval, pour voir comment aborder son travail pendant le congé : il n'a pris qu'une très petite partie de son cours, ce qui me pose question par rapport à un vrai désir d'avancer.

J'évoque avec lui la réflexion de sa mère par rapport à son changement d'école et de section.
Il me répond qu'il connaît sa mère , elle dit des choses comme ça, mais ce n'est pas pour cela qu'elle le pense réellement . Quand je lui demande comment il se sent par rapport à cette évocation, il dit qu'il est bien là où il est, qu'il a commencé à faire son trou dans cette école et qu'il n'a pas envie de changer , qu'il y a déjà assez de problèmes comme ça .
A mon regard interrogatif , il me dit juste qu'il ne s'agit pas de problèmes à l'école , mais il ne m'en dira pas plus .

Quand il aborde une nouvelle matière, et que je lui demande ce qu'il en a retenu tout en reprenant ses notes, il répond de façon très vague et parle surtout des exercices qu'il ne sait pas faire . Je le sens ancré dans cette pensée automatique « Je n'y arrive pas , d'ailleurs mes résultats le prouvent ».

Comment ai-je reçu cette demande d'aide ?

La demande concernait les maths , j'ai voulu faire plaisir en me limitant à cela. Au bout de 5 séances , je me suis rendu compte que quelque chose bloquait . Que faire ? Ou bien il s'agissait de s'arrêter , d'oublier tous ces tracas , comme le dit si bien André Liénard , et de faire le tour de ce qui fait sa vie . Différentes techniques peuvent aider l'adolescent à se dire : modelage , dessin , collage …. Qu'est-ce qui fait que Louis entretient cette image négative de lui-même ?? Il est persuadé et se persuade qu'il ne saura jamais rien en mathématiques . Qu'est-ce qui dans son histoire l'a persuadé qu'il était nul en quelque chose ? Que traduit aussi son léger bégaiement , et son air plutôt fataliste ? Y a-t-il un lien avec l'attitude de la maman que je sens très préoccupée et protectrice par rapport à son fils ?

Si par contre il n'était pas prêt à cet autre type de travail et que la demande persistait de travailler les mathématiques , un cadre différent aurait pu être mis en place : des séances plus fréquentes (deux fois par semaine) et prendre le temps d'écouter ce qu'évoquaient à chaque fois les différentes notions mathématiques, y chercher quelque chose de « vivant » .

Ainsi la division d'un polynôme par un autre polynôme , qu'est-ce que cela évoque pour lui ? Que signifie une division d'un nombre par un nombre ? A quoi peut-il se raccrocher de connu ? La division peut-elle « prendre corps » ?

Comme Anne Siety l'évoque si clairement dans son livre
« ... un travail dans lequel la pratique des mathématiques trouve un étayage dans l'être humain : dans son corps , dans sa parole , dans ses émotions et son imagination , dans ses fantasmes . » (5)

Je me suis rattachée à sa demande de revoir tout ce qu'il ne comprenait pas , alors que je sentais que quelque chose « bloquait »

Je suis restée dans cet empressement de vouloir et de pouvoir le porter malgré lui . Notre travail s'est arrêté en fin d'année, sans que quelque chose n'ait vraiment changé .

B. Jeunes qui ont du mal à s'adapter à l'enseignement secondaire.

L'entrée dans l'enseignement secondaire marque souvent un tournant pour le jeune . Il y a adaptation à plusieurs professeurs différents et
la matière n'est pas « travaillée » longuement en classe. Ce qui est enseigné demande à être « digéré » par le jeune, pour être compris et intégré personnellement. A côté de cela tous les grands conflits psychologiques de la petite enfance, pas complètement résolus, resurgissent . Et le jeune est aussi baigné dans un nouvel éveil de sa sexualité .

CAS D'ARTHUR.

Fin du premier trimestre , Arthur vient avec une demande de méthode de travail . Ayant fait ses primaires en néerlandais , il poursuit son cursus en français , ses résultats, sans être catastrophiques, ne le satisfont pas. Quelques séances suffiront, pour qu'il réalise qu'il s'agit non seulement de comprendre , mais aussi , de mémoriser , càd de pouvoir redire , revoir dans sa tête, sans avoir recours à son livre ouvert à tout moment .

Vers la fin de l'année , je le verrai encore parce que pour apprendre à comprendre un texte , il étudiait les réponses trouvées ensemble par rapport à un texte lu en classe .
Là, le travail demandé était : quand il lit un texte , peut-il trouver les réponses à certaines questions, dans ce texte ? On lui demandait une compétence, et non un savoir . Pour s'y préparer, il ne s'agissait pas de mémoriser les réponses , mais de pouvoir les retrouver dans le texte .
Il m'a aussi demandé de lui apprendre à se détendre en période d'examen. Une ou deux séances de relaxation n'ont sans doute pas été suffisantes , mais il ne désirait pas plus .
Peu de choses étaient nécessaires pour le relancer à être plus autonome .

CAS DE MAXENCE.

En janvier de la première humanité, le papa de Maxence demande de l'aide pour son fils qui n'a pas une bonne méthode de travail.
Jusqu'en juin, je l'aide au niveau du travail scolaire.
Maxence est très peu communicatif, demande souvent comment étudier telle ou telle chose, mais explore rarement les pistes proposées.
Il me dit de façon assez fataliste qu'il ne lui a pas été possible d'essayer les pistes envisagées, sans pouvoir dire ce qui l'en a empêché. Parfois il me dit simplement que cela ne lui semblait pas utile.
L'année se termine, en réussissant de justesse.
L'année suivante, comme je sens que les choses stagnent et que quelque chose bloque manifestement, au mois de janvier je lui propose de travailler, non pas le scolaire, mais plutôt ce qui l'empêche d'essayer les pistes envisagées..

Rencontre avec les parents

Je convoque les parents pour demander s'ils sont d'accord de ne plus faire du travail scolaire essentiellement. C'est la première fois que je vois la mère : elle se dit dépassée par l'attitude de Maxence qui ne s'intéresse à rien, qui n'est pas ouvert.
Il a une sœur de 2 ans plus jeune, trisomique. Les parents (surtout la mère) ont fort investi dans l'éducation de cette petite sœur, qui est considérée comme ouverte, communicative, tout le contraire de son frère.
Sa mère me dit être tout à fait d'accord pour le travail proposé, tout en m'avertissant que son fils allait sans doute boycotter le travail, comme il fait toujours. Je la sens sceptique et en attente, quelque chose de très enfui en elle parle à mon inconscient : « je sais que rien ne changera ».
Lors de cette rencontre, le père est présent de corps mais participe très peu à la discussion. Par ailleurs c'est toujours lui qui conduit Maxence aux rendez-vous, en

lui demandant à chaque fois comme une boutade : « Alors cela a été , tu as la tête un peu plus remplie ? »
Ce sera le seul contact avec la mère sur l'année et demie de travail avec Maxence .

Technique utilisée dans le travail thérapeutique :
Le génogramme , l'histoire de vie , dessin d'un moment qui fait peur..
Dans le travail avec Maxence , je le sens ouvert quand il parle de son histoire . Il a fort souffert d'être mis en internat fort jeune , où il s'est senti comme en prison et pas du tout respecté dans son ressenti . Il décrit les professeurs comme sadiques . Il se plaint aussi de ses condisciples qu'il juge peu intéressants et dont il s'écarte, et qui semblent le harceler par moment . Il a un seul bon copain en internat.
Par ailleurs, il dit que certaines sorties d'école sont intéressantes : excursion , voyage à Londres . Il dit ne pas désirer changer d'école .
Cette école lui a été présentée comme une bonne école, qui lui donne toutes les chances de bien réussir dans la vie . Il peut y faire du grec et du latin , matières qu'il trouve très intéressantes . Par contre, il ne les réussit pas bien du tout .

En parlant de certaines expériences qui lui font peur, il me dit ne pas du tout aimer aller vers l'inconnu . Il me fait part ainsi d'un balade faite en famille . Le chemin devenait difficile et il a dû faire demi-tour parce qu' on l'estimait trop jeune par rapport à la difficulté . D'une part il me dit qu'il aurait fort aimé continuer et, d'autre part qu'il en avait peur et qu'effectivement , il n'aurait pas pu et que c'était bien ainsi .
Lorsque je lui propose d'exprimer quelque chose par le dessin , il ne choisit que la couleur noire .
Lors d'un travail proposé avec choix de trois couleurs, il choisit le blanc, le noir et le bleu foncé . Il s'agissait de dessiner des cercles concentriques de l'extérieur vers le centre en pensant à une préoccupation , et ensuite du centre vers l'extérieur en pensant à une solution .

Comme il ne voit pas l'utilité de ce travail, il ne s'y investit pas trop.
Il me disait la même chose, quand je lui proposais une autre méthode de travail, tant qu'il n'était pas sûr que ce serait utile, il ne voyait pas pourquoi essayer.

Sa mère l'avait menacé de devoir changer d'école si ses résultats ne changeaient pas : il disait vouloir continuer parce que cette école lui a été présentée comme passeport pour son avenir. Pourtant je ne sais pas si quitter l'internat n'était pas son souhait profond, mais il n'a jamais pu admettre que c'était ainsi. Changer d'école semblait être « fatal » puisque ses résultats restaient médiocres, mais d'autre part, il ne lui était pas envisageable de faire le choix de changer. Le travail s'arrêtera en cette fin d'année scolaire.

Quand j'ai proposé le suivi plus thérapeutique, sa mère m'a dit qu'elle était curieuse de voir s'il n'allait pas aussi me manipuler en détruisant ce en quoi je voudrais l'aider parce qu'il faisait toujours ainsi.
Quelque chose dans son attitude disait en effet : « c'est ainsi, il n'y a rien à faire, tout ce que vous me proposez est inutile, je ne vois vraiment pas ce que vous pouvez faire pour que cela change. »
En effet le problème était que le désir de changer n'appartenait qu'à lui.

Ma réaction a été de vouloir lui démontrer que le changement était possible. A posteriori je constate que, dans les moments où je voulais atteindre quelque chose, il se fermait. Les périodes où j'étais plus à l'écoute et où je ne désirais rien obtenir, il pouvait s'ouvrir.
Ma difficulté a sans doute été de rester dans le flou : d'une part je désirais juste l'accompagner dans sa souffrance d'enfermement, d'autre part je n'arrivais pas à lâcher complètement l'efficacité d'un résultat scolaire. Je me sentais encore trop « sauveur » par rapport à la demande des parents.
André Liénard a cette image de l'arbre qui a penché et auquel il faudrait remettre un

tuteur. Pour cela il s'agit de pouvoir retrouver à quel moment de son histoire quelque chose est allé de travers. Des pistes sont apparues pendant le travail, mais nous sommes restés en surface et il y a eu trop peu de rencontres en présence des parents. En effet dans le travail avec un jeune, lui permettre de situer son désir propre par rapport à celui de ses parents est important et ensuite l'aider à exprimer ce désir à ses parents est important également.

Que s'est-il passé dans l'histoire de Maxence, pour qu'il ne se donne aucune chance de réussite ? C'est resté un mystère tant pour lui, que pour ses parents.

C.Jeunes en grande dépendance.

Voici le cas d'un jeune que j'ai suivi épisodiquement pendant plusieurs années. D'un accompagnement purement comme «répétitrice scolaire », vers un coaching pour un travail plus structuré, et enfin, la dernière année, j'ai touché un accompagnement plus thérapeutique.

CAS DE BAUDOUIN.

1) Début de travail au printemps, il patauge au collège, il a 14 ans.
Je suis réellement « répétitrice ». Il redoublera cette année.
Ensuite, je lui apporterai une aide épisodique, pour la lecture de livres à analyser. Il a tendance à ne pas approfondir.
Très suivi par ses parents, il a besoin d'être tenu, selon leur dire ….
Baudouin a en effet l'habitude de remettre à demain ce qui peut être fait aujourd'hui.

2) Fin des humanités, ses parents demandent qu'il soit coaché pour retravailler son TFE (travail de fin d'étude).
Son travail était trop superficiel, il s'agissait de l'étoffer.

Le travail, au fur et à mesure, manque de rigueur et d'approfondissement. Il se contente d'à-peu-près . A chaque rencontre, je lui conseille de pousser la réflexion un peu plus loin . Chose qu'il fait volontiers, mais jamais complètement .

Tout ce temps , j'ai aidé Baudouin « en substitution des parents » avec un certain jugement moral , mais sans aucunement l'aider à se prendre en charge de façon autonome .
Ce qui se jouait entre lui et moi n'était qu'une répétition de ce qui se jouait entre lui et ses parents . Je l'aidais à répéter son scénario , plutôt que de lui permettre d'inventer autre chose pour devenir autonome .

3) Je le retrouve, au niveau de l'enseignement supérieur.
Sa mère me téléphone pour demander de le coacher pour un examen de rattrapage . Je lui pose la question pourquoi il n'a pas appelé lui-même « J'aurais pu , mais mes parents prennent les devants ».
Baudouin a plus de 20 ans et se plaint - tout en disant que c'est probablement nécessaire - que ses parents soient toujours derrière lui, parce que seul , il n'arrive jamais au bout de ce qu'il décide .
 Ainsi nous établissons ensemble la nécessité de poser des échéances pour qu'il sache son point d'arrivée et pour qu'il puisse s'y tenir .
Il a l'habitude de voir venir les choses et d'étudier sans projet précis.
En effet avoir des échéances posées, c'est plus facile semble-t-il dire , mais en même temps , il trouve que c'est trop contraignant.
Dans la pratique, il ne respecte jamais le planning établi , le travail, fait rapidement la veille de notre rendez-vous, est inachevé . Chaque fois il dit : « oui , j'aurais pu, c'était possible, mais …. »
A plusieurs reprises je lui demande comment il se sent à ces moments-là . C'est très difficile de le faire entrer dans le ressenti . Il reste fort au niveau pensée , au niveau moral et se juge lui-même défaillant dans son travail .

J'ai essayé la thérapie cognitive avec émotion, pensée automatique . Je me suis laissée entraînée par son attitude « à quoi bon ? » . Il semblait assez fataliste et ne croyait pas pouvoir changer . Il réussit néanmoins son examen .

4) En septembre je reçois la demande de le suivre jusqu'aux examens de janvier qui clôturent la partie théorique de son cursus .

Contact avec le père

Je vois père et fils . Le père a tendance à me dicter comment je devrai travailler : surveiller la mise en ordre des cours, surveiller s'il se met à jour régulièrement . Il insiste sur le suivi étroit et je sens son inquiétude .
 Baudouin a du mal à dire comment il désire travailler . Je lui demande son avis, de temps à autre , mais il exprime très difficilement ce qu'il a à dire et ne sait souvent pas bien où il se situe . Difficile de le savoir, quand il est si peu confiant en ses capacités .
Le père intervient encore, comme s'il devait tout superviser et tout prendre en mains . Il remarque : « En dehors de Louise et Célestin , nos enfants ont tendance à être très peu autonomes. »
Cette constatation le laisse perplexe et il n'a aucune idée de ce qui aurait pu induire cet état de choses

Ce sera le seul contact face à face avec le père . Il m'a encore appelée pour savoir où en étaient les choses, mais là j'ai clairement dit que je ne pouvais pas lui répondre , que si Baudouin le désirait, il pouvait lui-même parler de son travail . Tous les contacts des années précédentes furent téléphoniques uniquement .

Mon ressenti face au père :
Intérieurement , je ressens une énorme colère envers ce père qui dicte à son fils comment faire et qui veut également me dicter comment faire , mais je suis très sensible à son inquiétude et j'ai encore le désir de lui faire plaisir en essayant que son fils réussisse coûte que coûte .

Travail plus thérapeutique avec Baudouin .

Pendant tout le travail je me suis sentie tiraillée entre le désir de lui permettre de réussir son année avant tout et le désir d'être à son écoute , de lui permettre de faire son chemin d'autonomie prioritairement .
En travaillant la chaise brûlante en Gestallt, pour voir ce qui se passe quand il n'arrive pas à se mettre au travail, il constate que au fur et à mesure du travail , lui-même et « la fuite » ne font qu'un .
Il fuit pour remettre le problème à plus tard , puis l'angoisse monte parce qu' il constate que , plus il attend , moins il aura de temps pour faire ce qui était prévu.
De séance en séance , on programme de façon de plus en plus précise le travail quotidien . En général , il commence par faire un constat : je n'ai pas fait tout ce que je voulais , et il se dit que « ce n'est pas bien ».
Je remarque que par rapport aux vacances où il refusait d'établir un programme précis , parce que cela lui semblait trop contraignant , il en sent la nécessité, pour arriver à quelque chose .

Ainsi, je l'incite à se concentrer sur
Ses pensées : « je le ferai plus tard , tout est sous contrôle .»
Ses émotions : le découragement et essai d'éviter ce sentiment, en fuyant .
Deux besoins contradictoires :
Besoin de s'échapper : ce qui le satisfait dans l'immédiat, mais il sent que ce n'est pas son vrai besoin .

Besoin d'avoir confiance en ses capacités de réussir : ce besoin n'est pas satisfait.

Il ne voit aucune stratégie qui peut prendre soin de ce besoin-là.
Pendant quelques séances, j'ai travaillé avec lui la relaxation : il participe mais sans conviction. Il constate qu'il est très tendu au niveau du visage et ressent quelque chose d'agréable dans la détente.
Toutefois, il estime que du stress peut être intéressant, parce que cela le fait avancer. C'est comme s'il ressentait de l'angoisse à se détendre ou une peur de trouver tellement de sensations agréables dans la relaxation que cela lui ferait fuir son objectif de travail.
Alors je lui explique la théorie des 3 cerveaux de Mac Loyd : si le découragement est trop important, il empêche de réfléchir.
Le découragement incite à la fuite, et quand l'échéance est trop proche il y a la peur de ne pas y arriver, d'où étude non approfondie et réflexion moins claire. La théorie de Mac Loyd nous dit que tant que le cerveau reptilien (qui s'occupe de nos besoins physiques) et le cerveau limbique (qui s'occupe de gérer nos émotions) ne sont pas arrivés à un équilibre satisfaisant, le cortex (cerveau qui s'occupe de notre raisonnement) ne peut pas fonctionner correctement, parce que encombré par nos besoins affectifs non satisfaits.

Il constate que ce découragement est surtout lié à toute tâche scolaire et il se compare à ses amis. Comment cela se fait-il ?
Il associe : difficulté - échéance - obligation – enfermement et non-liberté
« Oscar arrive à étudier un texte en une demi-heure, je dois aussi pouvoir le faire »
« Quel est ton ressenti quand tu me dis cela ? »
« Pas de jalousie ni de l'amertume, juste le désir d'être à la hauteur »
Ce déni donne la force du sentiment.

Comment ai-je vécu ce travail ?

Tout au long de l'accompagnement de Baudouin , quelque chose a évolué chez moi . J'ai commencé à vouloir faire plaisir aux parents, en me disant que j'allais pouvoir « régler les choses » . J'avais sans doute une certaine tendance à moraliser et à vouloir bien « faire ». S'il y avait réussite , tout le monde serait content...
Plutôt que de vouloir arriver à quelque chose , j'ai senti que ce qui
était important, c'était plutôt d'être là , dans une présence bienveillante qui écoute et qui permet une prise de conscience de ce qu'il vit pour qu'il puisse trouver un nouveau chemin lui-même .

Il s'agissait de faire le deuil de mon pouvoir, que de toute façon j'imagine avoir , mais n'ai pas réellement , pour faire place à un accompagnement . La seule personne qui a les clefs de son évolution , c'est le patient. Il est le seul à pouvoir les trouver afin de grandir et de devenir libre . Cela nécessite une réelle écoute qui permettra de souligner les éléments dont il peut prendre conscience et qui lui permettront de se libérer .

Ces rares moments d'écoute profonde où je lâchais complètement l'obtention d'un résultat , m'ont procuré une grande joie . En revanche me laisser toucher par le chemin du patient reste probablement difficile .

Le travail a oscillé entre le scolaire et le travail sur soi , je tâtonnais sans avoir le courage de vivre l'empathie du vide .
« Cette empathie du vide de l'autre est probablement fondamentale, pour lui permettre d'élaborer son moi, mais il est nécessaire d'être au clair avec son contre-transfert de haine : là où le patient , l'adolescent nous tire vers l'insupportabilité de ce vide auquel nous ne pouvons réagir que par un rejet , voire une pulsion d'agressivité, de haine, de mise à mort . » (6)
C'est cette insupportabilité du vide qu'il me fallait considérer chez moi .

J'avais en moi, encore, l'angoisse de ne pas le voir réussir, ce qui m'a empêchée d'être tout à fait libre dans l'écoute.

J'ai aussi senti une très grande résistance chez lui, à aller au fond de son ressenti. Pourtant, il me semble que c'est à travers l'écoute de ce qui résonnait dans son corps qu'il pouvait, petit à petit, retrouver la confiance en lui et cheminer vers l'autonomie.

3. SYNTHESE DE MON EXPERIENCE PASSEE.

Ce qui a caractérisé mon travail les années précédentes, c'est que je me suis positionnée par rapport à la demande des parents qui me demandaient de soutenir leur enfant pour réussir sa scolarité.

Je me suis souvent entêtée, surtout avec des adolescents, à prendre le relais des parents en ayant, même de façon à peine perceptible, un discours ou une attitude moralisatrice.

« Si tu n'étudies pas, tu ne peux évidemment pas réussir ». Ce n'était pas aussi explicite, mais force est d'admettre que j'avais cette idée-là, en arrière-fond dans la tête.

Quand toutes mes injonctions de méthode de travail ne semblaient pas porter leurs fruits, je revoyais la matière avec eux.

Il s'agissait donc simplement d'être « répétitrice », ce qui ne correspondait pas du tout à ce que j'aurais aimé, mais je crois que je me sentais perdue devant ces adolescents qui n'en voulaient pas, tout en affirmant qu'ils avaient vraiment envie de réussir.

Mais où était leur intérêt ? de quoi étaient faits leurs rêves ? Comment traversaient-ils cette période de bouleversement ?

Je ne m'y attardais pas ou trop peu parce que je ne savais pas comment, parce que cela me faisait peur, parce que ce n'était pas pour cela que les parents me « payaient ».

Il y a la demande explicite des parents d'abord , du jeune qui est plus ou moins d'accord , mais quelle est la demande cachée , qui ne se dit pas ?

Ce que j'aimerais , c'est ne pas répéter ce qui s'est toujours joué , mais pouvoir inventer du neuf pour que le jeune aussi puisse trouver un chemin nouveau qui libère . C'est bien là la différence entre être « professeur particulier » et être psycho-somatothérapeute .

Cela peut se faire par un travail plus thérapeutique dans certains cas , mais là il est important d'être au clair .

Mais si, ni les parents , ni le jeune, ne sont prêts à ce travail, un accompagnement pédagogique est possible avec cette attitude d'humilité et d'écoute . Et si , tout en faisant du scolaire , je pouvais être en empathie , certaines difficultés pourraient se dire afin d'ouvrir des horizons.

J'avais à traverser l'insupportabilité du vide à quoi je fais allusion pour Baudouin .

Comme le dit si bien Ginette Raimbault , l'apport d'une ouverture psychanalytique en médecine , dit l'importance de se sentir ignorant et cela vaut également si le symptôme n'est pas organique mais comportemental et scolaire .

« L'analyste, lui, propose au médecin de préserver dans son rapport au patient la 'place de l'ignorance ' . Cette place n'est pas celle que le savoir médical n'a pas encore recouverte. Elle représente la part de langage que le patient habite. » (7)

Ainsi pour moi être plus attentive et à l'écoute c'est ne pas me raccrocher à toutes les méthodes les unes plus efficaces que les autres , mais c'est simplement prendre la place de l'ignorance pour entendre la parole du jeune, sans trop me soucier de la demande explicite : réussir ses examens.

Mais en ayant plus en tête : que désire vraiment ce jeune ?

C'est à ce changement que je vais m'atteler , avoir cette empathie du vide et choisir la place de l'ignorance .

II. MON EXPERIENCE ACTUELLE.

CE QUE JE VEUX CHANGER.

A. *Le cadre*

La nécessité de poser le cadre dans lequel je désire travailler
m'est apparue comme essentielle . Qu'est-ce à dire ?
Le cadre comporte tout d'abord le cadre matériel dans lequel le travail sera fait ,
l'importance de la fréquence et la durée des séances,
mais aussi ce qu'on aborde pendant le travail : est-ce une thérapie à proprement
parler ? un travail de mise à jour scolaire ? un travail d'accompagnement
pédagogique avec écoute empathique ?
J'insiste aussi sur la fin du travail : une séance pour évaluer sans aucun jugement le
chemin parcouru .
Après 3 ou 4 séances, je peux me rendre compte du travail qui est à entreprendre :
quelquefois du scolaire suffit , éventuellement accompagné de relaxation . Si pour le
scolaire, une table et une chaise sont nécessaires , quand on travaille la relaxation , un
tapis ou un coussin au sol permettent de vraiment entrer dans autre chose et de
contacter l'émotionnel . Sans entrer dans une thérapie, ce moment de relaxation
coupé du scolaire permet à certains de s'ancrer et de retrouver la confiance en leur
capacité de réussir.

Si par contre je sens que le jeune bute depuis longtemps et ne fixe rien , il est
important que les choses soient clairement dites . Là je laisse tomber table et chaise et
nous nous asseyons confortablement sur des coussins ou dans un fauteuil ce qui
permet un autre rapport entre le jeune et moi. Et je lui pose la question : quel est le
sens de ton travail ? qu'est-ce qui te passionne dans la vie ? Qu'attends-tu du travail

que nous pouvons faire ensemble ? Dire qu'on fait le point après un certain nombre de séances est essentiel , cela me force à être claire , cela permet au jeune de pouvoir prendre lui aussi la décision de continuer à travailler ou de dire que cela ne l'intéresse pas . C'est le temps d'apprivoisement réciproque .

B. Le contrat à l'égard de l'enfant ou du jeune

Une fois que le cadre est déterminé, j'établis un contrat avec l'enfant ou le jeune . D'une part je m'engage à prendre le temps de l'écouter , d'être là pour lui et de garder secret tout ce qui se dira en séance et de chercher tous les chemins possibles pour l'aider . Personnellement , c'est un point sur lequel il m'était difficile de m'engager , vu la dépendance dans laquelle je me trouvais par rapport aux parents . Néanmoins, j'ai conscience que sans cet engagement de ma part, il ne peut pas y avoir de confiance . Et rien ne peut se faire . Il arrive que je demande au jeune s'il est d'accord qu'on parle de telle ou telle chose à ses parents, si j'estime que cela peut être important .
Au jeune, je demande de venir régulièrement aux séances et en cas d'impossibilité majeure, de m'avertir lui-même (dès l'enseignement secondaire) au moins l'avant-veille .

C. Le contrat avec les parents.
Au premier rendez-vous je prends le temps d'écouter leur plainte
et leur demande . Une fois le travail défini et le contrat établi avec le jeune , je reprends le temps de les écouter et leur fais part de l'orientation de mon travail et leur demande un accord . Je m'engage à faire ce que je peux pour aider leur enfant , je précise que ce qui se dit en séance reste secret, mais que je serai toujours prête à les écouter . Je demande aussi à ce qu'ils respectent les rendez-vous prévus .
Je définis également qu'il est possible qu'au cours du travail , je demande à les voir sans leur enfant .

Nous convenons du mode de paiement : à chaque séance, ou mensuellement à leur demande . Ce détail est pour moi un signe de respect du travail entrepris, et là aussi, il est arrivé que je ne me sois pas sentie respectée , mais avais-je été assez claire ?

D. *Analyse continuelle de mon contre-transfert* .

Tout au long de mon expérience passée , force m'a été de constater que je laissais flâner un flou continuel en ce qui concerne mon contre-transfert . Où en étais-je par rapport aux parents ? Où en étais-je par rapport au jeune ? Il me semble essentiel de pouvoir me resituer à tout moment, pour pouvoir me laisser toucher par ce que vit la personne en face de moi. Que se passe-t-il entre nous ? Qu'est-ce qui se joue de son histoire ? Puis-je détecter aussi ce qui se joue de mon histoire pour en prendre distance afin de le retravailler en supervision ? Ce sera essentiel .

E. Quelques cas .

1. CAS DE DYLAN.

Dylan, 7 ans et demi arrive avec sa maman, fin mai. L'école demande une aide logopédique pour quelques confusions sourdes-sonores dans l'écriture spontanée. En lecture et en dictée préparée, il n'y a aucun problème . Dylan déchiffre très bien, mais aurait quelques difficultés de compréhension à la lecture .
Selon la maman , son évolution était normale , elle n'a rien remarqué , si ce n'est un retard manifeste de langage . En première maternelle il ne parlait pratiquement pas . Un autre de ses fils ne parlait pas non plus . Une aide logopédique en troisième maternelle pour cet autre enfant n'a pas aidé, selon ses dires . Elle refuse de faire aider Dylan par une logopède : s'il y a quelques soucis, c'est à cause de cette année de retard de langage .

Le plus jeune de 4 enfants , il a deux frères et une soeur beaucoup plus âgés que lui .

Observation clinique pendant les 4 premières séances :

La première séance avec sa maman , il ne quitte pas les genoux de sa mère . Il semble plus jeune que son âge au niveau comportemental .
En travail individuel , il est très inhibé . Quand je lui demande d'imaginer la suite d'une histoire , il n'y arrive pas et semble avoir peur de répondre .
Il y a une angoisse par rapport à tout ce qui est créatif .
Les dessins sont très pauvres , en crayon noir .
Nous travaillons toujours au sol et déchaussés .
Pendant 3 séances je travaille l'affirmation de soi par des exercices psychomoteurs que nous a proposés Geneviève Liénard : marcher comme un lion , comme un tigre avec cris adaptés . Quand je lui propose d'imaginer lui-même l'animal qu'il veut imiter , cela devient difficile .
On lit de petites histoires , mais dans le but de voir un film devant les yeux . On arrête l'histoire au milieu et on cherche la suite . Même si c'est difficile et lent , il imagine certaines choses . Ensuite, on dessine : comment pourrait être le chat , comment as-tu envie de le dessiner ?

L'impression que j'ai , c'est qu'il a peur de donner une réponse fausse , de se tromper . Quand je le vois avec sa maman , elle me donne l'impression de penser pour lui .
Alors, nous quittons le registre de la parole et du figuratif : je fais un trait et l'engage à en faire un autre et ainsi de suite . Nous nous répondons à coup de trait de couleur sans aucun but précis et je constate qu'il commence à y prendre plaisir .

Avec Dylan , j'ai eu du mal à ce qu'il prenne conscience de ce qu'il pouvait venir faire chez moi . « C'est pour mieux travailler. »
Quand fin juin , je lui propose de le revoir à la rentrée de septembre , il n'est qu'à

moitié d'accord. Je lui dis donc de réfléchir et de me dire tout ce qu'il ressent et ce qu'il pense la prochaine fois. Personnellement, je pense qu'il il y a à travailler le désir de grandir et de devenir autonome. Il semble tellement dans le prolongement de sa mère.

Travail avec les parents :

A partir de la deuxième séance, ce sera toujours le papa qui conduit Dylan, mais il s'implique très peu par rapport à moi, comme si je représentais le « scolaire » et c'est la maman qui s'occupe des devoirs. Par contre, il va à la piscine avec son fils et joue au foot avec lui dans le jardin : deux choses que Dylan apprécie particulièrement.
Dans le dessin de la famille, son père ne ressort pas du tout, tous les personnages sont sur une rangée, à peu près de même taille. Le seul personnage, un peu plus grand, qui se trouve la rangée au-dessus, est la maman. Dans un dessin de ce qu'il aime bien, il se dessine jouant au foot avec son père, mais il le dessine de même taille que lui. Dans l'histoire de la famille, je ressens une forte domination maternelle.

Je demande à revoir la mère, avant les vacances. Elle parle longuement, d'abord en disant que Dylan pose plus de questions, quand il ne comprend pas un mot et que dans l'ensemble, cela va mieux. Ici encore, Dylan est juché sur ses genoux et à un moment, la maman se rend compte que cela lui va très bien d'avoir un enfant très câlin, parce que ce sera le dernier. Quand je pose une question à Dylan, il se cache dans le giron de sa mère, qui répond finalement à sa place.
Je le lui fais remarquer : comment cela se fait-il qu'elle soit son porte-parole ?
Elle prend enfin conscience que quelque part, elle aime le garder petit. Elle a laissé partir les aînés très tôt en colonie : « j'étais dans le mouvement, moi-même, j'ai grandi dans un home ». Pour le troisième, elle ne l'a laissé partir en vacances que vers 10 ans, et pour le quatrième, elle semble vouloir encore retarder le moment de

grandir. Je me demande si c'est aussi ce troisième enfant qui avait un retard de langage .

« Dylan , on a vraiment choisi de l'avoir », dit-elle, ce qui me donne l'impression que tout ce qui a manqué à cette mère dans son enfance , elle veut le donner au superlatif à son fils, et à travers de lui , à

elle-même .

Nous clôturons cette séance et je lui propose de revoir Dylan afin continuer ce travail de confiance en lui , parallèlement, je lui propose de la revoir toutes les 3 ou 4 séances pour faire le point .

En effet , il me semble que, continuer à travailler avec l'enfant alors que sa mère ne l'aide pas à grandir , est une perte d'énergie . Je sens aussi chez la mère un transfert important et donc une possibilité de travailler avec elle , chez l'enfant pas encore . Je la sens prête à se poser des questions et à parler d'elle à propose ce qui se passe avec son fils .

Le cadre était bien posé , et le type de travail proposé était clair . J'avais d'emblée précisé que je n'étais pas logopède et que je ne travaillais pas les difficultés de dyslexie même légères .

Par contre à la rentrée , je n'ai pas revu Dylan . Sans doute, la maman ne se sent-elle pas encore vraiment prête à remettre en cause ce rapport fusionnel qu'elle entretenait avec son fils . Le léger mieux au niveau scolaire la satisfaisait .

L'école m'a encore appelée en octobre en demandant si je travaillais toujours avec Dylan . Ce qui me confirme que c'était trop dur de se dire que son enfant avait besoin d'aide , et qu'elle voulait aider son fils elle-même .

2. CAS de ALICE

Alice a 11 ans et est l'aînée de 3 enfants, elle a une sœur et un frère.

Ses parents consultent début de la dernière année de l'école primaire avec une demande de remise à niveau de la matière. Son parcours scolaire est chaotique : selon qu'elle se sent reconnue ou non reconnue par son professeur, ses résultats sont bons ou médiocres.

Elle a eu l'aide de « différents » pédopsychiatres : Il a fallu changer, parce que Alice était « énervée » et ne voulait plus y aller..

Elle est venue, une première fois, avec sa maman.
Elle vient, une deuxième fois, avec son papa, qui demande à me parler, pour m'informer de certaines choses.
La naissance a été très difficile, c'est pourquoi il n'y a pas eu rapidement d'autre enfant. Sa venue a changé l'équilibre du ménage, et ce fut une période de crise. Maintenant l'équilibre harmonieux est retrouvé. On parle de tout devant elle.
Elle pose beaucoup de questions, de « pourquoi » par rapport aux règles établies que ce soit à la maison ou à l'école.
Pourquoi étudier ?
Par contre, elle est très timide. Elle n'ose pas poser de questions en classe et ne veut pas parler devant un groupe.

Travail tout au long de cette année

Nous avons décidé d'un accompagnement pédagogique, vu qu'il y avait eu l'expérience peu heureuse avec les pédopsychiatre et que par ailleurs elle voyait une psychologue du PMS, suite aux conflits fréquents dans son groupe-classe.

Elle semble ne pas du tout être actrice de son apprentissage.

Sauf en fin d'année pour son CEB (certificat d'études de base), elle s'y est mise. A chaque fois, elle me transmet ce que sa maman a demandé que je fasse avec elle. A chaque fois, je lui renvoie : « et toi qu'as-tu besoin de travailler aujourd'hui ? » Elle commence par dire qu'elle n'a rien compris.

Et c'est très difficile de, pas à pas, la guider vers une réflexion personnelle. C'est comme si elle s'évertuait à me démontrer que c'est vraiment trop difficile.

Toute cette année a été fort marquée par une ambiance de classe conflictuelle. Elle dit être en dehors de tous ces conflits, mais en souffrir, cela l'empêche de se concentrer, et de réfléchir. Ces conflits l'envahissent complètement. Elle dort mal.

Ce qui me frappe chez elle, c'est qu'elle attribue toutes ses difficultés aux autres ou à des événements extérieurs.

Début de la première humanité.

Il me semble qu'elle oscille entre la petite fille qui veut faire ce que papa et maman demandent et la préadolescente qui refuse et qui se bute.

Ainsi par rapport au travail scolaire :

son PROJET est « d' AVOIR FINI pour que mes parents me laissent tranquille et que je puisse jouer », plutôt que mémoriser à long terme pour ne pas devoir réétudier tout le temps.

Son père veut l'aider à s'organiser, mais cela devient le projet du père et non celui d'Alice.

Cette année je propose donc clairement aux parents et à Alice elle-même d'explorer ce qui l'empêche d'étudier de façon satisfaisante.

Je propose un travail de relaxation, pour apprendre à vivre le moment présent, pour se réapproprier sa vie, pour grandir dans sa démarche d'apprentissage. Alice et ses parents sont d'accord pour cette démarche plus thérapeutique.

Tout un travail d'écoute fait ressortir sa problématique par rapport à sa petite sœur et son petit frère dont elle est jalouse , ainsi que sa grande dépendance par rapport à sa mère .

D'une part elle veut être la petite fille qui est reconnue dans ses efforts consacrés à sa maman et, d'autre part elle veut lui faire « payer » toutes les fois où sa maman n'a pas vu qu'elle cherchait à lui faire plaisir .

En relaxation , à chaque fois elle dit ressentir une grande fatigue, se plaint de ses yeux qui picotent : en classe elle doit faire un effort pour les garder ouverts parce qu'elle est si fatiguée , elle dort très mal .

J'observe qu'elle ne peut pas se laisser aller complètement : je la vois toujours en éveil .

J'insiste sur deux points :

Quand elle se sent en colère contre sa maman, sa petite sœur ou son petit frère, pour des raisons tout à fait justifiées sans doute, et que cela l'empêche de se concentrer, c'est important qu'elle sache ce qu'elle désire vraiment . Ne pas arriver à faire ses devoirs porte à conséquence pour qui essentiellement, sa maman ou elle ? Comme elle a le désir de devenir avocate de façon très concrète , elle est d'accord que la réussite scolaire est une façon de construire son avenir et qu'elle est seule à avoir les clés en mains .

Quand elle bute sur la compréhension de quelque chose et que le discours adulte est en général : « tu as la capacité de comprendre,
je te fais confiance » , j'ai introduit autre chose :
« quand tu es en difficulté , n'y a-t-il pas en toi un petit saboteur qui s'occupe de te fermer à tout ce qui te permet de penser , et cela devient très gênant ? »
Elle a été très étonnée de ce que je lui disais et force lui fut de constater qu'il s'agissait bien de cela .

Elle m'a même demandé si cela arrivait à beaucoup d'enfants.

Etre reconnue dans son mécanisme de défense et avoir la reconnaissance de sa difficulté bien réelle, non pas de comprendre, mais de pouvoir mettre en route sa réflexion, semble avoir débloqué quelque chose.
J'ai aussi insisté sur le fait que j'espérais bien qu'elle puisse se passer de venir chez moi et qu'elle arrive à se débrouiller toute seule.
Toutefois, tant que ce serait nécessaire, je serais là pour elle.
Grâce à ces quelques séances elle dit pouvoir mieux se concentrer, pouvoir mieux retenir.
Par contre, elle est encore incapable de dire ce qui lui a permis de faire ce pas.
Le travail n'est pas terminé, mais cela va dans le bon sens.

Comment me suis-je située dans ce travail ?

Quand j'ai enfin pu me décider à proposer un travail thérapeutique, j'ai sans doute renoncé à vouloir combler le manque d'Alice.
« Dans la cure, l'analysant est confronté à cette inexistence de l'Autre : aucun être au monde ne peut répondre à ce qu'il est, ni combler ce qui lui manque » (8)
J'ai commencé à m'ouvrir à son mystère ce qui lui a permis de se mettre en mouvement pour composer avec ce manque, auquel elle cherchait une réponse continuellement chez l'autre.
Même si de temps à autre, on retourne vers le scolaire, c'est toujours avec l'interrogation :
« que se passe-t-il ? Comment me suis-je située pour pouvoir étudier, ou qu'est-ce qui a fait obstacle à ma concentration ou plutôt à mon désir d'apprendre ? »
Quand c'est nécessaire, elle peut décharger tout ce qui la tracasse et l'envahit.
On pourrait parler d'une démarche thérapeutique centrée sur le symptôme.

3. CAS de LARISSA.

Après deux ans de soutien scolaire en mathématique, au début des humanités, alors que je sentais qu'à chaque fois, tout semblait être oublié, que la recherche du sens lui échappait complètement et même qu'elle refusait de se poser la question du sens, j'ai proposé un travail thérapeutique.

C'est au moment où l'on travaillait les racines carrées et que Larissa confondait complètement le radical et le carré. Si elle savait que l'un est la réciproque de l'autre, elle ne savait pas à quel moment on écrit le radical et à quel moment le carré.

La proposition est acceptée d'emblée tant par Larissa elle-même que par la maman et le papa (que par contre je n'avais encore jamais rencontré à cette période).

Je précise bien que si elle fait un travail thérapeutique, elle ne fera pas de mathématiques pendant cette heure-là, mais qu'éventuellement une heure supplémentaire, scolaire cette fois, peut être envisagée.

Pendant deux mois, elle s'ouvre très fort et apprécie de pouvoir parler d'elle-même.

En faisant son génogramme et son histoire de vie, elle parle de son adoption, de son enfance marquée par des peurs incontrôlées jusque 6, 7 ans, qui ont diminué par la suite.

Elle dit être beaucoup mieux dans sa peau, depuis qu'elle est en humanités. Personnellement, je pense qu'elle s'est construite une protection pour pouvoir survivre à ce qu'elle ne comprenait pas de son histoire. A ses parents elle ne parle pas des questions qu'elle se pose. Une porte s'est ouverte vers 10 ans quand elle est partie en Bosnie dans la région d'origine de sa maman d'adoption, région dont elle est également originaire. Elle a rencontré la personne « contact » entre l'amie de sa maman biologique et sa maman d'adoption.

Elle sait avoir été abandonnée dès la naissance et avoir été accueillie par cette amie, qui après un an n'a plus pu la garder.

Depuis, beaucoup de questions, qu'elle garde secrètes, subsistent.

Creuser, explorer, peut susciter de fortes émotions, elle ne s'y risque pas trop, et de la même façon, elle ne se risque pas trop de comprendre le pourquoi du comment des théories mathématiques et certainement pas quand il s'agit de « racines ».

Elle parle pourtant de toutes ses questions au cours de la thérapie :

Pourquoi ma mère m'a abandonnée ? a-t-elle été violée ? était-ce un « accident » ? Quelle est ma vraie date de naissance ? Que me dira ma mère biologique si je la rencontre un jour ?

Par ailleurs, j'ai l'impression qu'elle a très peur de la réaction de ses parents adoptifs, si elle faisait toutes ces recherches.

Je contacte également les parents. D'une part, ils sont prêts à tout pour le bonheur de Larissa, d'autre part je sens, chez eux, une inquiétude énorme par rapport à leur fille. Larissa a été accueillie vers 1 an. Il a fallu 4 à 5 ans pour régulariser les papiers. Ils ont vécu dans l'inquiétude de ne pas pouvoir lui « offrir une vraie famille ».

Le papa qui commence un travail à l'étranger et s'absentera donc la semaine, s'inquiète très fort que sa fille ne ressente à nouveau un abandon.

Après cette rencontre, je ressens, surtout chez la maman, une réticence par rapport à la thérapie.

Deux mois après, elle m'appelle pour me dire qu'elle ne peut plus assumer la thérapie (en plus des cours de mathématiques, qui avaient repris entretemps).

Je demande à la voir, parce qu'il me semble que la raison n'est pas essentiellement financière. Elle ne peut pas me dire ce qu'il en est exactement. Par rapport au travail thérapeutique, elle a des difficultés à se positionner.

Larissa de son côté dit qu'elle aime bien la thérapie mais que, si ce n'est plus possible, elle comprend.

Je me sentais triste d'arrêter ainsi, mais après avoir insisté, j'ai senti l'énorme résistance de la maman. D'une part son discours était : « je ferai tout pour t'aider », d'autre part dans la même phrase , « si tu ne retrouves pas ta maman biologique , il faudra l'accepter , on a tous certaines difficultés dans notre vie ». Mon rôle pourtant est de laisser à chacun son rythme et cela ne m'appartient pas de décider jusqu'où il s'agit de faire un travail thérapeutique et si c'est bon de le faire à ce moment-là précisément.

Les dernières séances de soutien scolaire , même si le travail thérapeutique a été arrêté , Larissa était plus ouverte , elle posait plus de questions et cherchait à savoir le pourquoi de ceci ou cela dans telle formule .
Une ouverture s'est faite , mais il y a encore beaucoup de travail :
« il y a toujours ce poids que j'ai , parce que je suis différente et parce que j'aimerais savoir certaines choses de mon histoire » me dit-elle .
Cela lui appartient et peut-être pourra-t-elle décider un jour d'explorer ce qui reste mystérieux .

Comment me suis-je située dans ce travail ?

A plusieurs reprises , j'ai senti l'angoisse du vide , de ne pas voir où aboutirait le travail . A certains moments, j'avais l'impression de tourner en rond . Le moment où il a été décidé d'arrêter m'a particulièrement bouleversée , parce que d'une part Larissa elle-même exprimait qu'elle appréciait le travail (sans que cela ne soit dit clairement, j'entendais son désir d'explorer plus loin) et que d'autre part je crois que cela me faisait peur de trop bousculer la maman et je n'avais sans doute pas à le faire dans la situation présente .
Par ailleurs , le chemin de vie de cette famille m'inspire un très grand respect.
Le travail proposé était bien cadré , et le contrat défini .
Pour moi les choses étaient plus claires dans la mesure où, même si le cheminement allait vers un inconnu , je le savais et je ne me suis plus attachée au résultat scolaire comme tel . Le détour a ouvert une porte .

Parallèlement le travail scolaire ayant repris , de façon bien distincte et la démarche de Larissa était plus en recherche :
Que puis-je faire dans tel et tel cas ? Ici , puis-je appliquer telle formule ? D'où vient cette règle ?
Le changement était léger , mais manifeste .

CONCLUSION

Tout au long de ce travail, réalisé en fin de formation à l'EEPSSA, plusieurs choses me sont apparues :

Jamais, je n'aurai fini de me réinterroger sur ma relation d'accompagnement dans la dépendance ou d'accompagnement vers l'autonomie. A tout moment, il s'agit de me réajuster et de garder ma visée qui est l'autonomie du jeune que j'accompagne. J'étais « répétitrice », je faisais répéter, je suis somato-thérapeute en recherche continuelle pour, à tout moment, pouvoir créer, inventer mon accompagnement afin de permettre au jeune de créer, d'inventer son parcours, sa vie.

A tout moment, il s'agit aussi de réinterroger mon être dans cette relation d' « aide », de réinterroger ma capacité à traverser cette inquiétude face à mon ignorance, ma capacité à me retrouver devant le mystère de l'autre et à ne pas pouvoir combler tous ses manques.

Mon rêve était de pouvoir aider, maintenant, je constate que je fais mieux de ne surtout pas aider, mais que je peux juste être là à côté, écouter, permettre que des choses se disent, que des questions se formulent et cela suffit. Mais pour que des questions se formulent, que ce qui est à dire se dise, c'est une présence sans jugement, une présence qui éveille, une présence qui sans un mot rejoint l'autre au cœur de ses ressources, qui est nécessaire.
Et de ce « être-là » simplement, peut jaillir quelque chose de riche.

« La quête de la vérité et la recherche du sens sont le propre de l'adolescence » (9) nous dit Philippe van Meerbeeck.
Après ce questionnement sur mon accompagnement, je crois pouvoir dire que c'est également le propre de l'être-thérapeute.

Rechercher la vérité sur mon être, afin de savoir où je me situe, est essentiel, afin que l'autre puisse savoir ce qu'il cherche, qui il est .

Et je reprends la citation d'Aristote que nous livre encore Philippe van Meerbeeck (10) :

« La clé de la sagesse, c'est une interrogation continuelle.

Qui doute est conduit à chercher. Qui cherche saisit la vérité. »

Bibliographie

(1) Dr. Richard MEYER   La présence juste   In Jean-Paul Guyonnaud et col.La dimension spirituelle en psychothérapie ;
Corps et transpersonnel
Strasbourg, somatothérapies , 1997 p.81 à 153

   Dr. Richard MEYER   La pleine Présence . Une méditation basée sur les 12 principales psychothérapies. Ed. Guy Trédaniel 2013

(2) Dr. Richard MEYER , Le manifeste de la psychothérapie intégrative Editions Dangles 2010 p.441

(3) Anne SIETY , Mathématiques , ma chère terreur   p .172
   Collection PLURIEL Edition : Hachette Littérature 2003

(4) idem p.173

(5) idem p.94

(6) André LIENARD L'adolescence invulnérable p.104 In L'adolescent , son corps , sa thérapie   JL SUDRES , A LIENARD et coll. Somatothérapies   Editions Hommes et perspectives 1995

(7) Ginette RAIMBAULT Clinique du réel : la psychanalyse et les frontières du médical . Préface de Guitte Guérin . p. 6 Paris Seuil 1982

(8) Joseph ROUZEL Le transfert dans la relation éducative Psychanalyse et travail social p. 72-73 Dunod, Paris 2002

(9) Philippe van MEERBEECK   Dieu est-il inconscient ? L'adolescent et la quête de

Dieu p. 175 Oxalis Editions De Boeck 2012

(10) idem . p. 175

Tables des Matières

INTRODUCTION 4
   1.Ce qui m' amène à cette formation 4
   2. Mon cadre de travail 8
I. MON EXPERIENCE PASSEE...12
   1. TRAVAIL AVEC LES ENFANTS...12
   A . Comment ne pas évaluer une réponse peut libérer la réflexion 12
   B. Où la difficulté est expression d'un mal-être temporaire 13
   C. L'enfant, submergé par des troubles affectifs qui l'empêchent de construire sa pensée 15
      D.Comment écouter un enfant hyperactif...19
   2. TRAVAIL AVEC LES ADOLESCENTS..24
   A Les adolescents ayant des difficultés récurrentes en mathématiques 24
   B. Jeunes qui ont du mal à s'adapter à l'enseignement secondaire.........................29
   C.Jeunes en grande dépendance...33
   3. SYNTHESE DE MON EXPERIENCE PASSEE..39
II. MON EXPERIENCE ACTUELLE..41
   CE QUE JE VEUX CHANGER..41
   A. Le cadre..41
   B. Le contrat à l'égard de l'enfant ou du jeune..42
   C . Le contrat avec les parents..42
   D. Analyse continuelle de mon contre-transfert 43
E. Quelques cas 43
   CONCLUSION..55
   Bibliographie 57

Oui, je veux morebooks!

I want morebooks!

Buy your books fast and straightforward online - at one of the world's fastest growing online book stores! Environmentally sound due to Print-on-Demand technologies.

Buy your books online at
www.get-morebooks.com

Achetez vos livres en ligne, vite et bien, sur l'une des librairies en ligne les plus performantes au monde!
En protégeant nos ressources et notre environnement grâce à l'impression à la demande.

La librairie en ligne pour acheter plus vite
www.morebooks.fr

VDM Verlagsservicegesellschaft mbH
Heinrich-Böcking-Str. 6-8   info@vdm-vsg.de
D - 66121 Saarbrücken   Telefax: +49 681 93 81 567-9   www.vdm-vsg.de

www.ingramcontent.com/pod-product-compliance
Lightning Source LLC
Chambersburg PA
CBHW031639160426
43196CB00006B/477